读懂『八八战略』

DUDO
BAB

本书编写组 编

浙江人民出版社

习近平：发挥“八个优势”推进“八项举措”

进一步发挥浙江的体制机制优势，大力推动以公有制为主体的多种所有制经济共同发展，不断完善社会主义市场经济体制。

进一步发挥浙江的区位优势，主动接轨上海、积极参与长江三角洲地区合作与交流，不断提高对内对外开放水平。

进一步发挥浙江的块状特色产业优势，加快先进制造业基地建设，走新型工业化道路。

进一步发挥浙江的城乡协调发展优势，加快推进城乡一体化。

进一步发挥浙江的生态优势，创建生态省，打造"绿色浙江"。

进一步发挥浙江的山海资源优势，大力发展海洋经济，推动欠发达地区跨越式发展，努力使海洋经济和欠发达地区的发展成为我省经济新的增长点。

进一步发挥浙江的环境优势，积

极推进以“五大百亿”工程为主要内容的重点建设，切实加强法治建设、信用建设和机关效能建设。

进一步发挥浙江的人文优势，积极推进科教兴省、人才强省，加快建设文化大省。

［摘自习近平同志2003年7月10日在省委十一届四次全体（扩大）会议上的报告］

目录

contents

读

一、“八八战略”产生的历史背景

懂

从21世纪开始，浙江进入了加快工业化、城市化、信息化、市场化和国际化进程，全面推进社会主义现代化建设的新阶段。党的十六大提出，有条件的地方可以发展得更快一些，在全面建设小康社会的基础上，率先基本实现现代化。2002年12月19日，浙江省委召开全会，作出认真贯彻落实党的十六大精神，加快全面建设小康社会，提前基本实现现代化的决定。2003年7月，在省委十一届四次全会上，时任省委书记习近平同志在总结浙江经济多年来的发展经验基础上，全面系统地总结概括了浙江发展的八个优势，提出了浙江面对未来发展的八项举措——"八八战略"，一个指导浙江改革发展的总纲应运而生。

发挥"八个优势"，推进"八项举措"，是基于对新世纪我们面临的重要战略机遇期宏观背景的正确认识和把握。21世纪头20年是我们必须紧紧抓住并且可以大有作为的重要战略机遇期。我们面临着经济全球化进程加快、国际产业结构调整和产业转移加速的机遇，新技术革命迅猛发展的机遇，我国加入世界贸易组织带来的机遇，国家继续实行扩大内需方针和实施积极财政政策、稳健货币政策的机遇，西部大开发战略全面实施的机遇，以上海为龙头的长江三角洲地区经济一体化的机遇等。这些机遇是客观存在的，关键在于是否能够敏锐地认识和有效地把握。我们只有苦练内功，提高素质，充分发挥优势，有针对性地采取措施，扎扎实实地做好工作，才能抓住机遇，用好机遇，拓展更大的空间，赢得更好的发展。

发挥"八个优势"，推进"八项举措"，是基于对浙江经济社会发展现实基础的正确认识和把握。经过改革开放 20 多年的发展，我省已经积累了雄厚的物质基础，创造了多方面的优势，为今后的发展创造了良好条件。跨入新世纪，我省进入了加快工业化、城市化、信息化、市场化和国际化进程，全面建设小康社会、加快推进社会主义现代化的新的发展阶段。面对日趋激烈的国际竞争和前进中的艰难险阻，我们必须具有战略思维和世界眼光，跳出浙江看浙江，进一步认识和把握自身的优势，强化现有优势，发掘潜在优势，努力把原有的劣势转化为新的优势。从这一要求出发，省委全面分析新世纪初期国际国内形势和我省面临的机遇挑战，在历届省委工作的基础上，在实践中总结概括了这八个方面的优势和举措。这些优势和举措，有的是以往长期奋斗形成的，如体制机制、区域块状特色产业、人文等方面的优势和举措；有的是新形势下全面分析省情而深化认识的，如生态建设、山海并利的资源条件和软硬环境建设等方面的优势和举措；有的是顺应发展新趋势而不断强化的，如接轨上海、城乡协调发展等方面的优势和举措。我们只有进一步深化认识，统一思想，把优势充分挖掘出来、发挥出来，扎实有效地推进各项举措，才能促进我省经济社会更快更好地发展。

发挥“八个优势”，推进“八项举措”，是基于对我省加快全面建设小康社会、提前基本实现现代化战略目标的正确认识和把握。全面建设小康社会具有丰富的内涵和明确的要求。就浙江来说，发挥这八个方面的优势，推进这八个方面的举措，都是加快全面建设小康社会的题中应有之义。我们必须确立新的发展理念，注重全面的、协调的、可持续的发展，着力推进质量和效益同步提升的快速发展，城市与农村互相促进的一体化发展，物质文明、精神文明和政治文明相辅相成的协调发展，经济社会与人口资源环境和谐统一的可持续发展；必须探求新的增长方式，从以粗放型外延式的增长为主转变为集约型内涵式的发展为主，积极推进经济增长从量的扩张向质的提高转变，并在质的提高基础上，努力实现量的新扩张。只有这样，才能在新的更高起点上实现 2020 年“翻两番”的目标，使浙江的经济更加发展、民主更加健全、科教更加进步、文化更加繁荣、社会更加和谐、人民生活更加富裕。

省委作出的这些决策和部署，既力求体现工作的继承性和连续性，又力求体现工作的开拓性和创造性。这些决策和部署，是一个有机的整体，相互联系，相互促进，相辅相成。这些决策和部署，有的已经全面展开，初见成效；有的已经作出规划，正在落实；有的还需要制定政策，完善措施。贯彻这些决策和部署，既有现实紧迫性，又是一项长期的任务，我们要咬定目标，一任接一任、一届接一届地抓下去。各级党委、政府和领导干部必须深化认识，切实把思想统一到省委的这些决策和部署上来，把注意力聚焦到贯彻落实这些决策和部署上来，扎实推进浙江改革开放和现代化建设。

[综合摘自2002年12月19日《中共浙江省委关于认真贯彻落实党的十六大精神，加快全面建设小康社会，提前基本实现现代化的决定》，习近平同志2003年7月10日在省委十一届四次全体（扩大）会议上的报告，《之江平：一张蓝图绘到底——写在浙江实施“八八战略”十周年之际》（《浙江日报》2013年12月30日）等]

读

二、“八八战略”的基本内容

懂

2003年7月10日，习近平同志在省委十一届四次全体（扩大）会议上指出，要按照“发展要有新思路，改革要有新突破，开放要有新局面，各项工作要有新举措”的要求，科学判断和全面把握国际国内形势的发展变化，科学判断和全面把握我国将长期处于社会主义初级阶段的基本国情以及我省的省情，紧紧抓住新世纪头20年的重要战略机遇期，按照省第十一次党代会和省委十一届二次全会确定的目标、任务，围绕如何加快浙江全面建设小康社会、提前基本实现现代化，进一步发挥“八个方面的优势”，推进“八个方面的举措”：

一是进一步发挥浙江的体制机制优势，大力推动以公有制为主体的多种所有制经济共同发展，不断完善社会主义市场经济体制。坚持“两个毫不动摇”，推动国有经济不断发展壮大，推动个私经济不断上规模、上水平；深化市场取向改革，健全完善市场体系，充分发挥市场在资源配置中的基础性作用；创造各种条件，放手让一切劳动、知识、技术、管理和资本的活力竞相迸发，让一切创造社会财富的源泉充分涌流。

二是进一步发挥浙江的区位优势，

主动接轨上海、积极参与长江三角洲地区合作与交流，不断提高对内对外开放水平。加强与上海、江苏的合作，推进以上海为龙头的长江三角洲地区经济一体化；加强与中西部地区的联系，积极参与西部大开发；加大引进外资、台资的力度，充分利用国际国内两个市场、两种资源，以更高水平的开放带动更高层次的发展。

三是进一步发挥浙江的块状特色产业优势，加快先进制造业基地建设，走新型工业化道路。坚持以信息化带动工业化，推进"数字浙江"建设，用高新技术和先进适用技术改造提升传统优势产业，大力发展高新技术产业，积极发展沿海临港重化工业，努力培育发展装备制造业，全面提升浙江产业发展的层次和水平。

四是进一步发挥浙江的城乡协调发展优势，加快推进城乡一体化。继续大力推进城市化战略，进一步增强城市的集聚、辐射和带动功能；把解决“三农”问题作为重中之重，不断提高效益农业发展水平，加快新农村建设；统筹城乡经济社会发展，逐步打破城乡二元结构，不断提高城乡居民的生活水平和质量，努力形成以城带乡、以工促农、城乡一体化发展的格局。

五是进一步发挥浙江的生态优势，创建生态省，打造“绿色浙江”。根据循环经济理论和生态经济学原理，全面推进十大重点领域建设，加快构建五大体系，努力把浙江建设成具有比较发达的生态经济、优美的生态环境、和谐的生态家园、繁荣的生态文化，人与自然和谐相处的可持续发展省份。

六是进一步发挥浙江的山海资源优势，大力发展海洋经济，推动欠发达地区跨越式发展，努力使海洋经济和欠发达地区的发展成为我省经济新的增长点。依托"山海并利"的自然条件，合理开发利用海洋资源和山区资源，不断拓展海洋经济发展空间，积极实施"山海协作工程"和"欠发达乡镇奔小康工程"，推动海岛、山区、老区、少数民族地区等欠发达地区加快发展，走出一条具有浙江特色的海洋经济与陆域经济联动发展的路子。

七是进一步发挥浙江的环境优势，积极推进以“五大百亿”工程为主要内容的重点建设，切实加强法治建设、信用建设和机关效能建设。充分利用我省民间资金充裕的有利条件，广泛吸引社会资金，多元化投入基础设施建设，不断改善硬环境；加强立法和法律监督工作，营造依法行政、严格执法、公正司法的法治环境；整顿和规范市场经济秩序，加快建设“信用浙江”；推进机关效能建设，着力构建服务型政府。不断增强环境吸引力，提高要素集聚能力，努力为经济社会发展营造良好的软硬环境。

八是进一步发挥浙江的人文优势，积极推进科教兴省、人才强省，加快建设文化大省。切实加强精神文明建设，大力弘扬、发展“浙江精神”，深化文化体制改革，推动文化与经济的相互交融，不断增强构成浙江综合竞争力的软实力，促进人的全面发展和社会全面进步。

［摘自习近平同志2003年7月10日在省委十一届四次全体（扩大）会议上的报告］

读

三、“八八战略”的实践布局

懂

“八八战略”是中国特色社会主义在省域层面的具体实践和系统工程。历届省委、省政府坚持一张蓝图绘到底，自觉把“八八战略”作为引领发展的总纲领，通过推进经济建设、“法治浙江”、文化大省、“平安浙江”、生态省建设、党的执政能力建设，全面推进中国特色社会主义在浙江的实践，改革开放和现代化建设取得了新成就，全省综合实力、国际竞争力、可持续发展能力不断增强，人民生活和城乡面貌显著改善，各项事业加快发展。全省生产总值迈上5万亿元台阶、财政总收入跨过1万亿元大关，发展方式发生了根本性转变，经济社会建设取得了历史性成就。这充分证明，“八八战略”不是管一地一域的，不是管五年十年的，而是管全局、管长远的，是我们必须长期坚持的总纲。

推进经济又好又快发展。改革开放所释放的巨大活力，推动浙江在全国各省区中脱颖而出。进入新世纪的浙江，正处在建设全面小康社会的一个关键时间节点上，又面临着开始率先向现代化目标迈进的新任务。走在前列的浙江，如何实现又好又快发展？2003年12月，省委作出进一步完善社会主义市场经济体制的决定，要求继续深化经济体制改革，进一步完善我省社会主义市场经济体制，为经济发展和社会全面进步注入新的生机和活力。省委提出要再创多种所有制经济发展新优势，抓住浙江经济是"老祖宗"经济、"老天爷"经济、"老百姓"经济的特点，发展多种所有制经济，搞活国有经济，浙商要争做优秀的中国特色社会主义事业建设者，实现民营经济发展新飞跃；提高对内对外开放水平，接轨上海，参与长江三角洲地区交流与合作，调整优化外贸外资结构；统筹城乡发展，推进城乡一体化，实施"千村示范、万村整治"工程，促进发达地区加快发展、欠发达地区跨越式发展；统筹区域发展，构建环杭州湾、温台沿海、浙中和浙西南四大区块的基本格局，走海洋经济和陆域经济联动发展的路子；再创环境新优势，实施“五大百亿”工程，建设“信用浙江”。特别是继续深化习近平同志提出的“腾笼换鸟”“凤凰涅槃”，推进了经济结构的战略性调整和增长方式的根本性转变。所谓“腾笼换鸟”，就是要拿出浙江人勇闯天下的气概，跳出浙江发展浙江，按照统筹区域发展的要求，积极参与全国的区域合作和交流，为浙江的产业化腾出发展空间；并把“走出去”和“引进来”结合起来，引进优质的外资和内资，促进产业结构的调整，弥补产业链的短项，对接国际市场，从而培育和引进吃得少、产蛋多、飞得高的"俊鸟"。所谓"凤凰涅槃",就是要拿出壮士断腕的勇气,摆脱对粗放型增长的依赖,大力提高自主创新能力,建设科技强省和品牌大省,以信息化带动工业化,打造先进制造业基地,发展现代服务业,变制造为创造,变贴牌为创牌,实现产业和企业的浴火重生、脱胎换骨。

建设"法治浙江"。建设"法治浙江"是建设社会主义法治国家在浙江的具体实践,是依法治省的深化和发展。党的十六大以来,省委把法治建设作为实施"八八战略"和建设"平安浙江"的一项重要内容,摆在突出位置来抓,全社会法治化进程不断加快,为建设"法治浙江"奠定了良好的基础。2006 年，省委十一届十次全体会议作出建设“法治浙江”的决定，提出要牢固树立社会主义法治理念，坚持社会主义法治正确方向，以依法治国为核心，以执政为民为本质要求，以公平正义为价值追求，以服务大局为重要使命，以党的领导为根本保证，在浙江全面建设小康社会和社会主义现代化建设进程中，通过切实有效的工作，不断提高经济、政治、文化和社会各个领域的法治化水平，加快建设社会主义民主更加完善、社会主义法制更加完备、依法治国基本方略得到全面落实、人民政治经济和文化权益得到切实尊重和保障的法治社会，使我省法治建设工作整体上走在全国前列。建设"法治浙江"是一项长期任务，是一个渐进过程，是一项系统工程。省委部署了坚持和改善党的领导，坚持和完善人民代表大会制度，坚持和完善共产党领导的多党合作和政治协商制度，加强地方性法规和规章建设，加强法治政府建设，加强司法体制和工作机制建设，加强法制宣传教育等方面的任务。

加快建设文化大省。加快建设文化大省是发展社会主义先进文化的重要举措。习近平同志指出，今后一个时期浙江能否在全面建设小康社会、加快现代化建设进程中继续走在前列，很大程度上取决于我们对文化力量的深刻认识、对发展先进文化的高度自觉和对推进文化大省建设的工作力度。2005年7月，在全国较早提出建设文化大省的战略目标的基础上，浙江省委召开十一届八次全会，作出了加快建设文化大省的决定。习近平同志指出，加快建设文化大省，就是要通过大力发展先进文化，巩固党执政的文化基础；就是要着眼于增强先进文化凝聚力、解放和发展文化生产力、提高社会公共服务能力，努力增强浙江的文化软实力；就是要积极创新工作载体，重点实施文明素质工程、文化精品工程、文化研究工程、文化保护工程、文化产业促进工程、文化阵地工程、文化传播工程、文化人才工程等“八项工程”，加快建设教育、科技、卫生、体育“四个强省”；就是要经过较长时间的努力，使浙江成为全民素质优良，社会文明进步，文化事业繁荣，文化产业发达，文化和教育科技卫生体育事业主要发展指标全国领先的文化大省。习近平同志还总结凝练了中国共产党初创时期的"红船精神"，并提出了以"求真务实、诚信和谐、开放图强"为内容的"与时俱进的浙江精神"。

建设"平安浙江"。党的十六大把"社会更加和谐稳定"作为全面建设小康社会的一项重要目标。全面建设"平安浙江"是构建和谐社会的主要载体。2004 年，习近平同志主持召开建设"平安浙江"工作座谈会，提出要开展宽领域、大范围、多层面的"平安浙江"建设。

之后，省委召开十一届六次全会，作出建设“平安浙江”的决定。“平安浙江”中的“平安”，不是狭义的“平安”，而是宽领域、大范围、多层面的广义“平安”，包括政治安全、治安安全、信访安全、经济安全、生产安全、公共安全。据此，省委根据“大平安”理念，提出“五个更加”的总体目标和“六个确保”的具体目标，即：经济更加发展、政治更加稳定、文化更加繁荣、社会更加和谐、人民生活更加安康；确保社会政治稳定、确保治安状况良好、确保经济运行稳健、确保安全生产状况稳定好转、确保社会公共安全、确保人民安居乐业。省委提出要加强社会建设和管理，引导社会组织沿着正确的方向健康发展，将农民工作为经济建设和构建和谐社会的重要力量，积极引导宗教与社会主义社会相适应，切实维护华侨和归侨侨眷的合法权益；全力维护社会公共安全，构建公共安全应急体系，提高公共安全防范能力，围绕“不死人、少伤人”的目标做好防台抗台工作；树立新的稳定观，明确“抓经济促发展是政绩，抓稳定保平安也是政绩”；关心支持国防和军队建设，坚持把“高举旗帜、听党指挥”作为军魂的本质，加强国防教育，努力实现国防建设与经济建设协调发展。特别是我省把“枫桥经验”融入全面建设“平安浙江”战略布局，抓基层、打基础，建机制、架网络，明责任、强保障，为创新群众工作方法、维护社会和谐稳定提供了示范借鉴。

推进生态省建设。推进生态省建设，打造“绿色浙江”，是我省实施可持续发展战略的具体行动，是加快全面建设小康社会、提前基本实现现代化的有效途径。2002 年 6 月，省第十一次党代会提出建设“绿色浙江”。习近平同志深刻总结了浙江生态建设的“现有优势”和“潜在优势”，提出：进一步发挥浙江的生态优势，创建生态省，打造“绿色浙江”。这成为“八八战略”的有机组成部分。2005 年，习近平同志来到安吉天荒坪镇余村调研，首次提出“绿水青山就是金山银山”的科学论断。创建生态省，就是要处理好发展与人口、资源、环境的关系，实现自然生态系统和社会经济系统的良性循环。省委提出要建设以循环经济为核心的生态经济体系，培育发展循环经济，积极发展生态农业、生态工业、现代服务业，大力倡导绿色消费；建设可持续利用的自然资源保障体系，保护自然资源，提高生态环境质量，扩大对外开放，充分利用国内国际资源；建设山川秀美的生态环境体系，突出抓好重点区域和重点领域的生态环境，加强污染综合防治，有效防御自然灾害；建设与资源、环境承载力相适应的人口生态体系，提高健康水平和人口素质，促进充分就业，提高社会保障能力；建设科学、高效的能力支持保障体系，树立生态文化理念，加快生态省建设的体制机制和管理创新，建立生态省建设的科学决策和评估机制。同时，大力推进生态工业与清洁生产、生态农业建设，推进生态林建设，推进万里清水河道建设，推进生态环境治理，推进生态城镇建设，推进农村环境综合整治，推进碧海生态建设，推进下山脱贫与帮扶致富工程等。

加强党的执政能力建设。加强党的执政能力建设，是适应国际国内环境的深刻变化，充分利用难得机遇、正确应对严峻挑战的形势之需；是加快浙江全面建设小康社会、提前基本实现现代化的全局之要；是切实解决我省在党的执政能力建设方面存在的突出问题，不断巩固党的执政地位的当务之急；是全面推进党的建设新的伟大工程，不断增强我省各级党组织的创造力、凝聚力、战斗力的长远之举。在制定和实施"八八战略"的过程中，习近平同志始终把加强和改善党的领导，作为统筹推进各项战略的关键。2004 年 10 月 29 日，省委出台《关于认真贯彻党的十六届四中全会精神切实加强党的执政能力建设的意见》，制定了"巩固八个基础，增强八种本领"的党的执政能力建设总体布局，即：致力于巩固党执政的思想基础，加强理论武装和党对意识形态工作的领导，不断增强用发展着的马克思主义指导新实践的本领；致力于巩固党执政的经济基础，全面推进经济强省建设，不断增强驾驭社会主义市场经济的本领；致力于巩固党执政的政治基础，全面推进法治社会建设，不断增强发展社会主义民主政治的本领；致力于巩固党执政的文化基础，全面推进文化大省建设，不断增强建设社会主义先进文化的本领；致力于巩固党执政的社会基础，全面推进“平安浙江”建设，不断增强构建社会主义和谐社会的本领；致力于巩固党执政的体制基础，健全和完善党的领导制度和领导方式，不断增强地方党委总揽全局、协调各方的本领；致力于巩固党执政的组织基础，加强干部队伍建设和基层组织建设，不断增强自身素质和团结带领广大群众干事业的本领;致力于巩固党执政的群众基础,密切党同人民群众的血肉联系,不断增强拒腐防变和抵御风险的本领。

[综合摘自2003年12月23日《中共浙江省委关于贯彻落实党的十六届三中全会精神进一步完善社会主义市场经济体制的决定》,2004年5月11日《中共浙江省委关于建设"平安浙江"促进社会和谐稳定的决定》,2004年10月29日《中共浙江省委关于认真贯彻党的十六届四中全会精神切实加强党的执政能力建设的意见》,2005年7月29日《中共浙江省委关于加快建设文化大省的决

定》,2006年4月26日《中共浙江省委关于建设“法治浙江”的决定》,《干在实处 走在前列:推进浙江新发展的思考与实践》(中共中央党校出版社2006年版),《之江新语》(浙江人民出版社2007年版),《之江平:一张蓝图绘到底——写在浙江实施“八八战略”十周年之际》(《浙江日报》2013年12月23日),《照着绿水青山就是金山银山的路子走下去——深入学习习近平同志“两山”重要思想》(《求是》2015年第17期)等]

读

四、

坚定不移沿着“八八战略”指引的路子走下去

懂

党的十八大以来，习近平总书记发表了一系列重要讲话，提出了治国理政新理念新思想新战略，形成了新时代中国特色社会主义思想。2015 年 5 月，习近平总书记到浙江考察，赋予了浙江“干在实处永无止境，走在前列要谋新篇”的新使命。G20 杭州峰会期间，习近平总书记又对浙江提出了“秉持浙江精神，干在实处、走在前列、勇立潮头”的新要求。浙江在这些年的学习和实践中，越来越深刻地感受到：习近平总书记在浙江工作期间，围绕改革、创新、协调、绿色、开放、共享、法治、文化、平安、党建等方面进行了一系列前瞻性的思考和探索，作出了“八八战略”等重大决策部署，在省域层面对中国特色社会主义进行了卓有成效的理论创新和实践创新，不仅为浙江全面建成小康社会、推进社会主义现代化建设提供了根本遵循，而且为党的十八大以来以习近平同志为核心的党中央坚持和发展中国特色社会主义提供了理论和实践基础，与习近平新时代中国特色社会主义思想是前后相续、相融相通的。“八八战略”是引领浙江发展的总纲领，是推进浙江各项工作的总方略，是高水平全面建成小康社会的重要指引。

我们一定要倍加珍惜，把它实践好、传承好、发展好，做到一任接着一任干、一张蓝图绘到底，坚定不移地把“八八战略”这篇大文章续写下去。

当前，我省正处在厚积薄发的战略机遇期、干事创业的发展黄金期、不进则退的转型关键期。站在“两个一百年”奋斗目标的历史交汇期，我们要高举习近平新时代中国特色社会主义思想伟大旗帜，全面贯彻党的十九大精神，不忘初心、牢记使命，大力弘扬红船精神，坚定不移沿着“八八战略”指引的路子阔步前进，不断推进“八八战略”深化细化具体化，突出改革强省、创新强省、开放强省、人才强省工作导向，统筹推进富强浙江、法治浙江、文化浙江、平安浙江、美丽浙江、清廉浙江建设，高水平全面建成小康社会、高水平全面建设社会主义现代化，为我国决胜全面建成小康社会、夺取新时代中国特色社会主义伟大胜利、实现中华民族伟大复兴的中国梦、实现人民对美好生活的向往做出新的更大贡献。

牢记绝对忠诚这个第一要求。忠诚是共产党人基本的政治要求、首要的政治品质、庄严的政治责任。习近平总书记强调：“工作做得怎么样，可以讲千条万条，但归根到底要先看这一条。”我们要加强党性修养，牢固树立政治意识、大局意识、核心意识、看齐意识，不断增强政治觉悟、把牢政治方向、提高政治站位，做到一言一行讲政治、一举一动显忠诚。特别是要把拥护核心、维护核心、紧跟核心，作为最大的忠诚，坚决维护以习近平同志为核心的党中央权威和党中央集中统一领导，确保习近平总书记系列重要讲话精神和中央决策部署在浙江一个声音贯彻到底，确保习近平总书记提出的“八八战略”在全省一以贯之抓到底。我们要有这种政治责任、政治觉悟和政治品质，不折不扣地把习近平新时代中国特色社会主义思想和对浙江的具体要求抓好落实，以实际行动为中央站好岗、放好哨。要牢牢守住政治安全、经济安全、意识形态安全、社会安全、生态安全的底线。

紧紧抓住发展这个第一要务。发展是解决中国所有问题的关键,没有发展,一切无从谈起。党的十八大以来,习近平总书记创造性地提出五大发展理念,多次强调要适应和引领经济发展新常态,不能简单以GDP论英雄。习近平总书记的重要思想和重要论述,赋予了马克思主义发展观丰富的时代内涵,揭示了“我们不仅要发展,而且要发展得更有质量、更有效益”这一深刻道理。我们要以推进供给侧结构性改革为主线,向着高质量、均衡化的方向,坚定不移打好转型升级系列组合拳,做大做强八大万亿级产业,改造提升传统动能,大力培育发展新动能,全面振兴实体经济,高度重视防控金融风险，确保经济平稳健康发展。要以大湾区大花园大通道大都市区建设为重点，促进区域协调发展。主动接轨上海，促进长三角率先发展、一体化发展，积极参与长江经济带建设，全力做好对口支援和东西部扶贫协作。

始终把人民摆在心中第一位置。习近平总书记强调：“人民对美好生活的向往，就是我们的奋斗目标。”这些年来，我们所做的所有工作，归根到底都是为了人民，让浙江老百姓生活得更加幸福。习近平总书记讲的“绿水青山就是金山银山”，核心要义也是让老百姓更加富裕，让老百姓生活质量更高，让老百姓幸福感、获得感更强。这就要求各级党委、政府必须千方百计谋划发展的路径，让绿水青山长存，让绿水青山转化为金山银山。要自觉践行以人民为中心的发展思想，时刻把群众的安危顶在头上，时刻把群众的冷暖挂在心头，全面推进富民惠民安民。完善为民办实事长效机制，优先发展教育，高水平建设健康浙江，着力提高就业质量和社会保障水平，坚决打好低收入百姓增收攻坚战，提升社会治理现代化水平，建设“平安中国”示范区。坚决打好防范化解重大风险攻坚战，千方百计办好“双下沉、两提升”、垃圾分类等民生实事、关键小事，让发展成果更多地惠及人民群众。要坚持深入基层、深入群众，尊重基层和群众的首创精神，问政于民、问需于民、问计于民，从群众中汲取智慧和力量，增强决策的科学性。要坚持面对面、心贴心、实打实地做好群众工作，把广大人民群众积极性、主动性、创造性充分调动起来，凝聚起全省人民高水平全面建成小康社会的磅礴伟力。

增强全面深化改革这个第一动力。浙江是靠吃“改革饭”发展起来的，要在新一轮发展中抢占制高点、赢得新优势，仍然要依靠改革。中央交给浙江几十项改革试点任务，特别是中国（浙江）自由贸易试验区、国家监察体制改革、生态文明示范区等重大改革试点，中央重视，全国关注，全省期待。我们要争当改革促进派、实干家，大胆试、大胆闯，力争取得更多可复制推广的制度创新成果。当前，浙江正在大力推行的“最多跑一次”改革，企业普遍叫好，群众纷纷点赞。这项改革实际上是供给侧结构性改革的制度供给，是政府“放管服”改革的重要内容，是践行以人民为中心发展思想的具体行动，也是浙江继续创造和保持社会主义市场经济活力的重要举措。这项改革已进入攻坚阶段，我们要发扬铁军精神，一鼓作气、乘势而上，在群众最渴望解决、最难办的事情上再加劲、再提速，不做数量文章、形式文章，见质量、重效果，真正把这项改革打造成浙江全面深化改革的又一金字招牌，撬动各领域改革。要以"一带一路"建设为统领，构建全面开放新格局。

坚决扛起全面从严治党这个第一责任。抓好党建是最大政绩，不抓党建是最大失职。历届省委抓党建都抓得很紧，也带出了一支过硬的干部队伍，这是浙江能够"干在实处、走在前列"的关键因素。省委全会提出要建设浙江铁军，其主旨要义就是全面从严治党。全面从严治党永远在路上，不容有丝毫的懈怠和放松。要用习近平新时代中国特色社会主义思想武装头脑，发挥党委（党组）理论学习中心组示范带动作用，把真学、真懂、真信、真用习近平新时代中国特色社会主义思想作为检验党员干部马克思主义理论水平和治国理政能力的根本标准。推动“两学一做”学习教育常态化、制度化，认真抓好“不忘初心、牢记使命”主题教育。要压实压紧管党治党主体责任和监督责任，层层传导压力、逐级推动落实，推动全面从严治党向纵深发展。要认真贯彻落实新形势下党内政治生活的若干准则和党内监督条例，加强和规范党内政治生活，继续高标准从严执行中央八项规定精神，推动党风政风持续好转。落实好干部标准，突出实干导向、担当导向，坚持以实绩论英雄，着力打造勇立潮头的浙江铁军。坚持把纪律和规矩挺在前面，运用好监督执纪“四种形态”，以“零容忍”态度惩治腐败，切实维护政治上的"绿水青山"。

践行"八八战略"必须有创新精神。习近平总书记阐述的"红船精神"，第一条就是开天辟地、敢为人先的首创精神。全省上下践行"八八战略"，就必须进一步发扬创新精神，尊重首创精神。站在新的历史节点上，我们要对自己、对事业提出更高的要求，秉持浙江精神，鼓励创新、激发创造，在全省形成争相创新的浓厚氛围，不断在新的发展中彰显习近平新时代中国特色社会主义思想的伟大价值和真理力量，为践行"八八战略"注入新的活力。

［综合摘自《坚定不移沿着"八八战

略”指引的路子走下去》(《浙江日报》2017年5月10日),《中共浙江省委关于高举习近平新时代中国特色社会主义思想伟大旗帜　奋力推进“两个高水平”建设的决定》(《浙江日报》2017年11月14日)]

后　记

为全面深入学习领会“八八战略”的丰富内涵、精神实质和实践要求，坚定不移沿着“八八战略”指引的路子走下去，加快推进“两个高水平”建设，争当学懂弄通做实习近平新时代中国特色社会主义思想的排头兵，浙江省委办公厅、浙江省委宣传部组织编写了《读懂“八八战略”》。该书摘编了习近平同志关于“八八战略”的重要论述，对“八八战略”的历史背景、基本内容、实践布局、坚定不移沿着“八八战略”指引的路子走下去等重要问题的阐释、解读，均摘自相关文件资料和理论研究成果，供各级党员领导干部学习参阅。

本书编写组

2018年5月

图书在版编目（CIP）数据

读懂“八八战略”／《读懂“八八战略”》编写组编.
—杭州：浙江人民出版社，2018.6(2019.8 重印)
ISBN 978-7-213-08820-9

Ⅰ. ①读… Ⅱ. ①读… Ⅲ. ①区域经济发展-经济发展战略-研究-浙江②社会发展-发展战略-研究-浙江 Ⅳ. ①F127.55

中国版本图书馆 CIP 数据核字(2018)第 127830 号

读懂“八八战略”

本书编写组 编

出版发行	浙江人民出版社(杭州市体育场路 347 号 邮编 310006) 市场部电话:(0571)85061682 85176516
责任编辑	洪 晓
责任校对	杨 帆
责任印务	陈 峰
封面设计	大漠照排
电脑制版	杭州大漠照排印刷有限公司
印 刷	浙江印刷集团有限公司
开 本	880 毫米×1230 毫米 1/64
印 张	1
字 数	15 千字
版 次	2018 年 6 月第 1 版
印 次	2019 年 8 月第 5 次印刷
书 号	ISBN 978-7-213-08820-9
定 价	6.00 元
